NIVEAU
3

Vingt mille lieues sous les mers

Jules Verne

Adapté en français facile
par Brigitte Faucard

Édition : Béatrice Martinez
Illustrations : Bruno David
Direction artistique audio : Anne-Sophie Lesplulier
Conception couverture et mise en page : Christian Blangez

© 2008, SEJER
ISBN : 978-2-09-031369-7
© 2008, Santillana Educación, S.L.
Torrelaguna, 60 – 28043 Madrid
ISBN : 84-96597-61-7

L'auteur et son œuvre

1. **Entoure la bonne réponse.**

a. Jules Verne est un écrivain français du *xixe – xxe* siècle.

b. Il a écrit une série de romans qui sont publiés sous le nom de : *Les aventures extraordinaires – Les voyages extraordinaires.*

c. Ses livres sont des romans *de cape et d'épée – de science-fiction.*

d. Dans *Vingt mille lieues sous les mers*, le personnage principal s'appelle *Nemo – Phileas Fog.*

e. On retrouve le personnage principal de ce roman dans *Les Enfants du capitaine Grant – L'Île mystérieuse.*

2. **Cite deux autres romans de Jules Verne.**

....

Le monde de la mer

3. **Relie le mot à sa définition.**

a. un canot • • **1.** Équipement, composé d'un vêtement étanche qui couvre tout le corps et d'un casque. Il permet à une personne de respirer sous l'eau.

b. un scaphandre • • **2.** Ensemble des personnes qui s'occupent de la manœuvre et du service sur un bateau.

c. un équipage • • **3.** Barque, petit bateau léger, ouvert sur le dessus.

d. une lieue • • **4.** Très grand poisson puissant et vorace.

e. un requin • • **5.** Terme de marine. Une lieue vaut 5555, 5 mètres.

Présentation

Pierre Aronnax :
il est professeur au Muséum
d'histoire naturelle de Paris.
Il écrit des livres.

Conseil :
c'est le fidèle serviteur
du professeur Aronnax.

Ned :
il est canadien, du Québec.
C'est le roi
des harponneurs.

Nemo :
c'est un homme étrange,
énigmatique, qui vit dans
un sous-marin.

Chapitre 1

Le monstre marin

L'année 1866 avait été marquée par un événement étrange que personne n'a sans doute oublié.

En effet, depuis un certain temps, plusieurs navires s'étaient retrouvés, en mer, face à une « chose » longue, parfois phosphorescente, plus grosse et rapide qu'une baleine.

Impossible de dire ce que c'était mais, une chose était sûre, cet être mystérieux était à la mode et fascinait tout le monde.

Jusqu'au 13 avril fatidique, où un grave accident avait traumatisé les esprits : le *Scotia*, un navire anglais, avait été percuté par le « monstre » – un drame qui n'avait plus rien de fantastique –, ce qui l'avait beaucoup détérioré. Heureusement, ses passagers avaient pu être tous sauvés, grâce au sang-froid et à l'expérience du capitaine et au secours d'un autre bateau qui naviguait près de là.

À partir de ce terrible accident, toutes les catastrophes maritimes inexpliquées avaient eu, aux yeux de tous, un seul coupable : le « monstre » marin. Comme il y en avait eu un grand nombre et comme les communications entre les différents pays et continents étaient devenues plus dangereuses, le public avait déclaré que le moment était venu de trouver l'extraordinaire cétacé et de l'éliminer.

---

un événement : chose qui se produit et qui a une grande importance.
s'étaient retrouvés/ avait traumatisé : le temps employé ici est le plus-que-parfait ; on le forme avec l'auxiliaire *avoir* ou *être* (comme le passé composé), conjugués à l'imparfait, et avec le participe passé. Il indique qu'une action précède une autre action dans le passé. Exemple : *Il a mangé le sandwich que sa mère lui **avait préparé**.*
une baleine : très grand mammifère qui vit dans les mers.

C'est l'*Abraham Lincoln*, frégate américaine, qui avait été chargé de cette mission.

Pour obtenir les meilleurs résultats possible dans cette entreprise, le commandant Farregut, chef de l'expédition, avait fait mettre à bord de son navire tout le matériel nécessaire pour attaquer et **vaincre** le gigantesque animal. Surtout, il avait demandé l'aide du roi des **harponneurs**, Ned Land, un Canadien du Québec.

Mais ce n'était pas tout. Un autre personnage allait embarquer sur l'*Abraham Lincoln*.

En effet, à cette époque, vivait à New York un professeur du **Muséum** d'histoire naturelle de Paris, extrêmement connu dans le monde scientifique pour avoir publié un livre intitulé *Les mystères des grands fonds sous-marins* : monsieur Pierre Aronnax.

Naturellement, ce savant avait suivi avec un grand intérêt toute l'histoire du monstre. Et un jour, on était venu le consulter au sujet du phénomène et, dans un article publié le 30 avril dans le *New York Herald*, il avait déclaré que le monstre était sûrement un **narval** géant.

Le 3 juin, jour du départ de l'*Abraham Lincoln*, tôt le matin, cet illustre personnage avait reçu une lettre du secrétaire de la marine américaine qui l'invitait à participer à l'expédition. Sans hésiter, il avait accepté, préparé rapidement ses bagages et, au moment où le bateau levait l'**ancre**, il se trouvait, avec son fidèle serviteur, Conseil, à bord du navire pour commencer une incroyable aventure.

Mais il est temps de laisser parler le professeur...

* * *

vaincre : remporter une victoire sur un ennemi, triompher.
un harponneur : marin qui chasse les baleines avec un **harpon**, instrument en forme de longue flèche utilisé pour prendre des gros poissons ou des cétacés.
un muséum : (mot ancien) musée consacré aux sciences naturelles.
un narval : grand mammifère cétacé. Le mâle a une longue défense en forme de spirale.
une ancre : pièce d'acier qu'on jette dans la mer pour immobiliser un bateau.

Il se trouvait, avec son fidèle serviteur, Conseil, à bord du navire.

« Pendant des mois, nous sillonnons le Pacifique où le monstre a été vu, mais en vain !

Le 2 novembre, le découragement commence à se faire sentir. Le commandant Farregut nous demande alors de patienter trois jours. Si le monstre n'apparaît pas, nous rentrerons.

Deux jours passent. Rien ne vient perturber les eaux.

La nuit approche. Conseil et moi, nous nous promenons sur le pont. C'est alors qu'on entend Ned crier :

– Regardez, la bête est là, devant nous !

– Nous courons tous vers lui. À environ cinq cents mètres du bateau, la mer paraît être illuminée par-dessous. C'est le monstre qui, immergé près de la surface des eaux, produit cette lumière intense.

Je regarde un moment et, stupéfait, je m'écrie :

– Cette lumière est électrique... Comme c'est étrange... !

Le narval sort alors de l'eau et reste là, immobile. Il faut agir et vite ! L'*Abraham Lincoln* se dirige droit vers lui. Ned, qui a pris son terrible harpon, est prêt à attaquer. Il le lance. On entend le choc sonore de l'arme qui touche un corps dur.

La lumière électrique s'éteint alors brusquement et deux énormes masses d'eau envahissent le pont de notre frégate. Un terrible choc se produit et je suis précipité à la mer. Je tombe dans les profondeurs.

Heureusement, comme je suis bon nageur, je peux remonter à la surface.

sillonner : traverser, parcourir (des mers) dans tous les sens.
le découragement : sentiment de tristesse, de fatigue qu'on sent quand on n'obtient pas de résultat dans son travail, ses études...
un pont (de bateau) : sol en bois qui recouvre **la coque** (le fond).
environ : approximativement.
immergé : qui est sous l'eau, qui a fait une manœuvre d'immersion.
envahir : occuper entièrement un endroit.

Ned, qui a pris son terrible harpon, est prêt à attaquer.

Je regarde autour de moi. Tout est obscur. J'aperçois enfin une masse noire qui s'éloigne vers l'est. C'est notre frégate. Je suis perdu. Je crie :

– Au secours ! Au secours !

Soudain, une main vigoureuse m'attrape et j'entends :

– Appuyez-vous sur mon épaule, monsieur.

Je prends la main de mon fidèle Conseil et je m'écrie :

– C'est toi. Le choc t'a aussi jeté à la mer ?

– Non, monsieur, mais comme je suis à votre service, j'ai décidé de sauter.

– Merci, mon bon Conseil. Et la frégate ?

– Oubliez-la ! La dent du monstre a cassé l'hélice. L'*Abraham Lincoln* ne répond plus.

– Mon Dieu !

Désespérés, nous nous mettons à nager. Conseil appelle souvent au secours.

Au secours ! : SOS.
attraper : prendre.

Vers une heure du matin, je me sens extrêmement fatigué. Conseil appelle de nouveau à l'aide. Un cri répond à son appel. Nous nageons dans cette direction. Soudain, je percute un corps dur et je perds connaissance.

Quand je reviens à moi, je vois un visage incliné sur moi. C'est Ned !

Conseil est à côté de lui.

Je me sens un peu perdu. Je leur demande ce qui s'est passé et où nous sommes.

Ned répond immédiatement à toutes mes questions.

– Moi aussi, je suis tombé à la mer mais j'ai pu me réfugier sur notre narval gigantesque. Je comprends maintenant pourquoi mon harpon l'a laissé **indemne**, il est en métal, monsieur. Nous sommes sur un sous-marin.

– Mais alors, dis-je, cet appareil doit avoir un mécanisme et des hommes pour le **manœuvrer**.

– C'est évident, répond Ned, mais pour le moment, il ne bouge pas.

C'est alors que l'appareil se met en mouvement. Nous **nous accrochons** fermement à sa partie supérieure qui sort de l'eau. Il va à toute vitesse puis il commence à entrer dans l'eau.

Pris de panique, nous nous mettons à frapper sur l'appareil et à appeler au secours. Le mouvement d'immersion s'arrête aussitôt. On entend un bruit. Une plaque se lève. Un homme apparaît, pousse un cri et disparaît.

Un moment après, huit hommes se présentent et nous font entrer dans le formidable appareil.

---

vers : ici, plus ou moins (à une heure du matin).
indemne : qui n'a pas été blessé.
manœuvrer : faire fonctionner.
s'accrocher : tenir, saisir quelque chose avec une grande force.

1. Entoure la bonne réponse.

a. Des navires ont rencontré *un bateau fantôme – un cétacé géant.*

b. Le *Scotia a été heurté par le monstre – a vaincu le monstre.*

c. L'*Abraham Lincoln* a pour mission *de capturer – de détruire le monstre.*

2. Complète la présentation de Pierre Aronnax avec les mots suivants : *fonds, expédition, professeur, narval.*

Pierre Aronnax est ...... au Muséum d'histoire naturelle de Paris. Il a écrit un livre sur les ...... sous-marins. Il pense que le monstre est un ...... géant. Il va participer à l'...... chargée de tuer l'étrange animal.

3. Vrai ou faux ?

	V	F
a. Ned Land est un célèbre scientifique.	☐	☐
b. Comme le capitaine Farregut ne trouve pas le monstre, il décide d'abandonner les recherches.	☐	☐
c. Le professeur Aronnax est gravement blessé par le monstre.	☐	☐
d. Ned n'a pas pu tuer le monstre parce que c'est un sous-marin.	☐	☐
e. Après le choc avec le monstre, Ned, Conseil et le professeur trouvent refuge sur une île.	☐	☐
f. Ils sont sauvés de la mort par les hommes du sous-marin.	☐	☐

La porte s'ouvre et deux hommes entrent.

Chapitre 2

L'homme des eaux

On nous conduit tous les trois dans une cabine où on nous enferme. Tout est noir. Ned est furieux.

– Ces gens sont incroyables ! Comment peuvent-ils nous traiter de cette manière ?

– Calmez-vous, Ned, lui dis-je, et attendons.

Une demi-heure passe. Notre situation n'a pas changé. Soudain, notre prison s'allume. Je regarde autour de moi : elle contient seulement une table et cinq tabourets.

Nous entendons alors un bruit de clé. La porte s'ouvre et deux hommes entrent. L'un est petit et musclé. L'autre est grand, a des yeux doux et calmes mais un air fier et supérieur. C'est évidemment le chef à bord. Il nous examine avec une grande attention, sans dire un mot. Puis il se tourne vers son compagnon et lui parle dans une langue inconnue de nous trois. L'autre fait un signe de tête et me dit quelque chose. Je lui réponds que je ne le comprends pas.

– Racontez notre histoire, monsieur, me dit Conseil. Ils comprendront peut-être certains mots.

Je me présente et présente mes compagnons. Je raconte notre aventure. J'utilise des mots simples et je parle lentement. L'homme

---

dis-je : dans le dialogue rapporté, l'inversion du sujet des verbes déclaratifs est obligatoire.
doux : ici, inoffensif, sans agressivité.
fier : orgueilleux.

aux yeux doux m'écoute tranquillement et avec attention. Mais rien, dans son attitude, n'indique qu'il me comprend.

Quand j'ai fini mon histoire, sans un mot, ils sortent et nous enferment à nouveau.

Ned est réellement en colère.

– Ces hommes ont un comportement intolérable ! On leur parle et ils n'ont pas l'amabilité de nous répondre : pas un signe, pas un sourire ! Ce sont des pirates, des bandits, j'en suis sûr !

– Calmez-vous, Ned, je vous en prie. Il ne sert à rien de se mettre en colère. De toute manière, nous ne pouvons pas communiquer avec eux car nous ne connaissons pas leur langue.

– Je vais vous dire ce que je pense, monsieur : j'ai l'impression que le chef nous comprend parfaitement et je trouve cela assez préoccupant !... Et puis, ça suffit, j'ai faim, est-ce qu'ils vont se décider à nous donner à manger ?

La porte s'ouvre à ce moment-là et un homme apparaît. Il nous donne des vêtements puis il met la table et, sans dire un mot, il nous sert un excellent repas, composé principalement de poissons.

Sur chaque ustensile de table est écrit :

MOBILIS IN MOBILE

N

Mobile dans l'élément ! Cette devise s'applique à l'appareil, c'est évident ! Et la lettre N est sans doute l'initiale du nom de l'énigmatique personnage qui commande au fond des mers !

Ned et Conseil ne se posent pas de questions, eux. Ils dévorent les plats qu'on nous a servis. Je les imite bientôt.

Une fois notre repas fini, l'homme débarrasse la table et referme la porte à clé.

---

se mettre en colère : montrer sa fureur, son irritation.
une devise : courte phrase qui exprime un idéal, une pensée, un sentiment. *Tous pour un et un pour tous* était la devise des Mousquetaires.
commander : diriger, être le chef.

— Ce doit être l'heure de dîner.

Mes compagnons décident de se coucher sur le tapis qui couvre le sol de la cabine et ils s'endorment aussitôt. Moi, je ne peux pas : trop de questions sans réponse, de pensées envahissent mon esprit. Puis la fatigue me gagne peu à peu... je suis incapable de réfléchir... et je m'endors enfin.

* * *

Combien de temps dure notre sommeil ? Je l'ignore. Longtemps, sûrement car, quand je me réveille, je me sens bien reposé. Mes amis ouvrent bientôt les yeux.

— Ce doit être l'heure de dîner, s'écrie Ned, **dès** son réveil.

— Ou de déjeuner, dis-je. J'ai l'impression que nous avons beaucoup dormi.

Quelques minutes plus tard, on entend un bruit de clé. La porte s'ouvre. Le chef apparaît avec un autre homme.

— Messieurs, dit-il dans un français parfait...

dès : à partir du moment (où il se réveille).

Et, devant notre air surpris, il ajoute :

— Eh oui, je parle le français, et d'autres langues aussi. Hier, j'ai préféré vous écouter avant de prendre une décision en ce qui vous concerne. Vous êtes en présence d'un homme qui a renoncé à tout contact avec l'humanité et vous êtes venus perturber mon existence...

— Involontairement, dis-je.

— Involontairement ? s'irrite l'inconnu. Professeur Aronnax, je vous connais, je sais tout. Est-ce involontairement que l'*Abraham Lincoln* m'a **poursuivi** ? que vous avez accepté de faire partie de l'expédition ? que Ned Land a voulu me frapper ?

— Monsieur, dis-je, cette expédition était faite pour éliminer un monstre dangereux...

— Professeur, cette expédition avait pour objectif de me détruire. C'est pourquoi j'ai le droit de vous traiter en ennemis. Ma décision a été difficile à prendre : vous garder ou vous remettre à la mer ?

— Nous sommes donc vos prisonniers !

— En effet. Vous connaissez le secret de mon existence et personne ne doit le connaître.

— Très bien, monsieur, nous sommes donc obligés de rester mais rien ne nous unit à vous, j'imagine que vous le comprenez.

— Parfaitement. Vous serez heureux ici, professeur, croyez-moi. J'ai lu votre livre sur les fonds marins. Il est passionnant. Mais vous ne connaissez pas tout. À bord de cet appareil, vous allez découvrir un pays de merveilles.

Le discours de cet homme a un grand effet sur moi. Je suis à la fois contrarié par son attitude et fasciné par ses promesses.

— Monsieur, me permettez-vous de vous poser une question ?

— Bien entendu.

— Quel est votre nom ?

---

poursuivre : ici, essayer d'attraper pour frapper, tuer...

Le déjeuner se compose de plats excellents et très fins.

— Je suis le capitaine **Nemo** et vous voyagez dans le *Nautilus*.

Puis il indique à Ned et à Conseil de suivre son **aide** et me dit :

— Accompagnez-moi, professeur, s'il vous plaît, notre déjeuner est prêt.

Nous entrons dans une salle à manger. Au centre, nous attend une table richement servie. Le déjeuner se compose de plats excellents et très fins. Quand je lui demande si tous ces aliments proviennent de la mer, le capitaine me répond qu'il en est ainsi puis il ajoute, avec solennité, que la mer lui donne tout et qu'elle est tout pour lui.

Une fois notre repas terminé, il me dit, non sans autorité :

— Maintenant, monsieur Aronnax, je vais vous faire visiter le *Nautilus*.

Nemo : en latin, ce mot signifie *Personne*.
un aide : assistant, collaborateur.

1. Vrai ou faux ?   V   F

a. Quand ils arrivent dans le sous-marin,
les voyageurs sont bien reçus.   ☐   ☐

b. Ned prend la situation avec humour.   ☐   ☐

c. Le chef du sous-marin parle une langue
étrange avec son compagnon.   ☐   ☐

d. Les hommes du sous-marin finissent par servir
un bon repas aux naufragés.   ☐   ☐

2. Entoure la bonne réponse.

a. Le chef du sous-marin *parle – ne parle pas* le français.

b. Il a décidé *de conduire les trois hommes à terre – de les garder prisonniers.*

c. Pierre Aronnax *est fâché – est content* quand il entend la décision du capitaine Nemo.

d. Les voyageurs *sont obligés de rester dans le sous-marin – décident de s'échapper.*

3. Complète le résumé avec les mots suivants : *excellent,* Nautilus, *produits de la mer, déjeuner, Nemo.*

Le capitaine du sous-marin s'appelle ...... Il invite le professeur à ...... avec lui. Le repas est ...... et se compose exclusivement de ...... Après le déjeuner, Pierre Aronnax va visiter le ......

4. Coche les adjectifs qui correspondent le plus au caractère du capitaine du sous-marin.

a. froid   ☐   **d.** amusant   ☐

b. sociable   ☐   **e.** ennuyeux   ☐

c. intéressant   ☐   **f.** calme   ☐

Chapitre 3

Le *Nautilus*

Nous nous levons de table et entrons dans une pièce contiguë. C'est une bibliothèque. Ses murs sont couverts de hautes étagères qui contiennent une énorme quantité de livres. Au centre de la pièce, une belle table en bois permet d'écrire et de consulter les ouvrages. La lumière électrique inonde cette harmonieuse salle.

– Capitaine Nemo, dis-je, cette bibliothèque est fantastique. Vous possédez ici au moins six ou sept mille livres.

– Douze mille, professeur Aronnax. Ils sont à votre disposition. Vous pourrez les utiliser librement, pour vos recherches, si vous le désirez.

Je le remercie et m'approche des étagères. On y trouve de tout et dans toutes les langues mais surtout des livres scientifiques. Le capitaine Nemo me laisse regarder puis il me propose de poursuivre la visite.

Il ouvre une porte qui se trouve au fond de la pièce et nous passons dans un immense salon. Là, mon regard est attiré par une seule chose : sur un des murs, trois grandes lucarnes rondes permettent de contempler le fond des océans. Je reste un moment bouche bée devant le spectacle sublime qui s'offre à mes yeux. C'est indescriptible ! Puis j'observe la pièce. Je m'aperçois alors que nous

---

un ouvrage : livre.
des recherches (faire) : (faire des) travaux scientifiques.
une lucarne : fenêtre.
bouche bée (être/rester) : bouche ouverte, sans pouvoir parler à cause de l'admiration qu'on ressent.

sommes, en réalité, dans une sorte de musée où sont réunis tous les trésors des mers. Dans de belles vitrines, je découvre des plantes, des coquillages et autres produits de la mer que je n'ai jamais vus. Mon plaisir est immense de pouvoir les examiner.

– Je vois que vous vous intéressez à mes collections, professeur.

– En effet, capitaine. Pas un seul muséum d'Europe ne possède de telles richesses.

– Elles sont belles et rares, c'est vrai, mais, pour moi, elles ont un charme supplémentaire. Tous ces objets ont en effet été ramassés par moi, dans toutes les mers du globe, que je connais parfaitement. Vous pourrez les étudier quand vous le voudrez, professeur.

Nous allons quitter la pièce quand je vois, tout au fond, un orgue et de nombreuses partitions. Étrange découverte ! Cet homme, qui me paraît si savant, est-il aussi musicien ? Mais je préfère ne pas lui poser la question.

– Avant de continuer la visite, allons voir votre cabine, monsieur, me dit le capitaine. J'espère qu'elle vous conviendra.

Il me conduit vers l'avant du *Nautilus* et ouvre la porte non d'une cabine mais d'une véritable chambre luxueusement décorée.

– Votre chambre se trouve à côté de ma cabine, près du salon. Si vous avez besoin de quelque chose en particulier, professeur, dites-le-moi.

– Merci, capitaine, tout est parfait ; je ne pouvais pas imaginer que j'allais disposer d'une pièce aussi confortable.

– Maintenant, je vous propose de découvrir les instruments que nous utilisons pour la navigation du *Nautilus*.

---

un coquillage : animal marin, mollusque (moule, huître...) qui a le corps recouvert d'une enveloppe dure appelée coquille. La coquille vide de ces mollusques s'appelle aussi coquillage.

rare : peu courant, ce qui donne de la valeur.

ramasser : prendre.

un orgue : grand instrument de musique à vent, composé de nombreux tuyaux et de claviers (on en trouve dans les églises).

une partition : papier où sont écrites les notes d'une mélodie.

Mon plaisir est immense de pouvoir les examiner.

Nous nous dirigeons vers la salle des machines qui se trouve à l'arrière du bateau. Nous arrivons d'abord au centre du sous-marin. Là, il y a une échelle qui conduit à la partie supérieure.

– C'est par cette échelle que nous sommes entrés ici, dis-je au capitaine.

– En effet, elle conduit à la plate-forme mais aussi au canot.

– Vous avez un canot ?

– Oui, une excellente embarcation, très légère, qui sert parfois à la pêche.

Nous continuons à avancer. Nous passons devant une longue cabine où Ned et Conseil déjeunent avec appétit. Je leur fais un petit signe de la main mais Nemo m'entraîne devant le poste d'équipage. La porte est fermée. Le capitaine passe devant sans faire de commentaires ; je ne saurai pas combien d'hommes il a à son service.

Nous voici enfin dans la salle des machines. Le capitaine m'explique comment fonctionne le *Nautilus* et me montre les instruments qu'il emploie. J'en connais certains mais d'autres sont nouveaux pour moi. Beaucoup marchent grâce à l'électricité. Le capitaine m'explique alors que l'électricité est l'élément essentiel du *Nautilus*.

– L'électricité est produite par l'océan, à qui je dois tout, comme je vous l'ai dit. Elle donne au sous-marin la lumière, la chaleur et le mouvement. Bref, elle donne la vie ! s'exclame le capitaine d'une voix enthousiaste.

– Mais pas l'air pour respirer, dis-je.

– Pour l'air, je remonte à la surface quand je veux. Mais l'électricité continue à jouer son rôle fondamental, car elle actionne

---

une échelle : objet formé de deux longues barres verticales réunies par des barreaux transversaux. Elle sert à monter et à descendre.

un canot : barque, petit bateau léger ouvert sur le dessus. On l'utilise surtout pour sauver des gens en mer mais il peut aussi servir pour la pêche.

un équipage : ensemble de personnes qui s'occupent de la manœuvre d'un bateau.

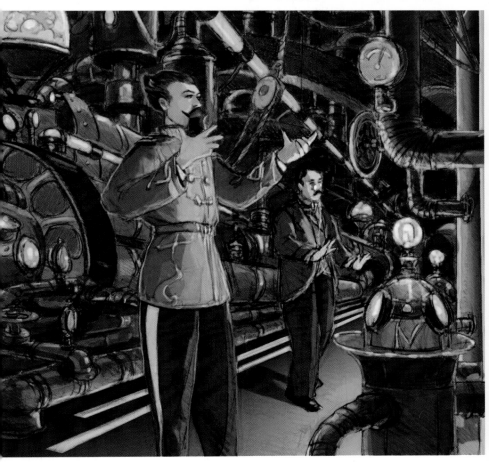

– L'électricité est produite par l'océan, à qui je dois tout,
comme je vous l'ai dit.

des **pompes** puissantes qui accumulent l'air dans des **réservoirs** spéciaux. Je peux donc rester dans les profondeurs autant que je le désire.

– Capitaine, je suis réellement impressionné. Vous avez trouvé ce que les hommes découvriront sans doute un jour : la véritable puissance dynamique de l'électricité.

une pompe : appareil destiné à déplacer les fluides (liquides et gaz).
un réservoir : citerne, grand récipient qui contient des liquides, de l'air, qu'on veut conserver.

– Peu importe s'ils la trouvent ou pas, professeur, répond le capitaine d'un ton très froid. Je vous l'ai dit, le monde n'existe pas pour moi. Voilà notre visite terminée. J'espère qu'elle vous a intéressé.

– Elle m'a passionné, capitaine. Je vous remercie de m'avoir confié tous ces secrets.

– Monsieur Aronnax, si je vous ai fait découvrir tout cela, c'est parce que vous ne sortirez jamais du *Nautilus*. Ne l'oubliez pas.

1. Réponds aux questions.

a. Quelle est la première salle que visite le professeur ?

....

b. Dans le salon, qu'est-ce qui attire en premier son attention ?

....

c. Le salon est plus qu'un salon. Qu'est-ce que c'est, en réalité ?

....

d. Comment est la cabine du professeur ?

....

2. Entoure la(les) bonne(s) réponse(s).

a. Le capitaine Nemo est *collectionneur – peintre – savant.*

b. Les vitrines contiennent *des bijoux – des produits de la mer – des livres anciens.*

c. Les richesses que renferme le *Nautilus passionnent – laissent indifférent* le professeur.

d. Le *Nautilus* est un sous-marin *primitif – d'avant-garde – très perfectionné.*

e. Il fonctionne en grande partie grâce à *la vapeur – l'électricité – l'essence.*

3. D'après les indications données dans ce chapitre, essaie de faire le plan du *Nautilus*.

Qu'il est bon de respirer librement !

Chapitre 4

Promenades dans les fonds marins

Une nouvelle vie commence pour moi à bord du *Nautilus*. Fasciné par ce que j'ai vu, je décide de profiter au maximum des merveilles offertes par la bibliothèque et le musée pour écrire un livre. Je fais des **croquis** et je prends des notes.

Nous sommes confortablement installés et bien servis par les hommes du capitaine Nemo.

Tout se passe relativement bien.

Ned, cependant, ne supporte pas d'être enfermé. Il veut s'échapper. Oui, mais comment ?

Le *Nautilus* poursuit une route que seul le capitaine connaît.

* * *

Le 10 novembre, je commence le **journal** de nos aventures. Je ne veux rien oublier, tout est si fantastique !

Le 11 novembre, tôt le matin, je sens l'air frais à l'intérieur du *Nautilus*. Nous sommes remontés à la surface pour renouveler les provisions d'oxygène. Je m'habille rapidement et je vais sur la plate-forme. Qu'il est bon de respirer librement !

Cinq jours passent de cette manière.

Le 16 novembre, quand j'entre dans ma cabine avec Ned et Conseil, je trouve une lettre du capitaine : il nous invite tous les trois à une partie de chasse, le **lendemain** matin.

---

un croquis : dessin rapide fait au crayon.
un journal : ici, cahier où le professeur écrit les choses qu'il vit jour après jour.
le lendemain : le jour suivant.

– Une chasse ! s'écrie Ned. Il va donc à terre. C'est étrange, non ?

* * *

Le lendemain, quand je me lève, je constate que le *Nautilus* est de nouveau dans le fond de la mer. Je vais dans la bibliothèque, impatient de commencer cette partie de chasse. Le capitaine Nemo est là.

– Capitaine, votre invitation m'a surpris. Aller à terre, vous qui avez rompu toute relation avec elle !

– Professeur, cette chasse va se faire en mer.

– En mer ?! Comment ? À pied ?

– Oui, à pied et avec un fusil.

Le capitaine me conduit à l'arrière du *Nautilus*. Je vais chercher Ned et Conseil puis nous allons dans une salle où nous attendent plusieurs scaphandres. Ned les voit et n'a pas l'air content.

– Eh oui, mon bon Ned, dis-je, la promenade est sous-marine.

Nous nous équipons puis le capitaine ouvre une porte et sort, suivi de son second. Un instant plus tard, nous marchons sur le fond de la mer. Comment décrire les merveilles qui nous entourent ? Poissons, algues, coquillages... C'est une fête des yeux !

Pendant deux heures, nous marchons et découvrons des sites variés et surprenants.

Au cours de la promenade, le capitaine et son aide tuent parfois de gros poissons pour les rapporter au *Nautilus*.

Au bout d'un moment, le capitaine Nemo, qui imagine que nous sommes un peu fatigués, nous indique, d'un geste, de faire une pause.

Nous nous couchons sur le sable. Cet instant de repos est un délice pour moi !

Je ferme les yeux et je dors un peu. Combien de temps ? Je ne sais pas. Quand je me réveille, je vois que le capitaine est déjà debout.

un scaphandre : équipement composé d'un vêtement étanche et d'un casque. Il permet de respirer sous l'eau.
le second : sur un bateau, personne qui commande après le capitaine.

À un mètre de moi, une monstrueuse araignée
de mer me regarde, menaçante.

Je commence à m'étirer. C'est alors qu'une apparition inattendue m'oblige à me lever rapidement : à un mètre de moi, une monstrueuse araignée de mer me regarde, menaçante. Le capitaine, qui l'a vue, fait un signe à son compagnon. Le second la frappe avec son fusil.

« Ces fonds marins doivent **regorger** d'animaux dangereux », me dis-je, un peu inquiet.

Le retour se passe sans incident.

Une fois au bateau, nous dînons puis, *épuisés*, nous allons nous coucher, encore émerveillés par cette étonnante excursion dans les fonds marins.

* * *

Notre voyage sous-marin se poursuit. Le premier janvier arrive. Conseil me souhaite une bonne année. Va-t-elle nous apporter la liberté ou sommes-nous condamnés à vivre éternellement dans cette prison aquatique ?

Le 28 janvier, je découvre que nous nous trouvons près de l'île de Ceylan. Je vais dans la bibliothèque pour consulter une carte. Le capitaine Nemo entre peu après.

– L'île de Ceylan, île célèbre pour ses perles. Vous voulez en voir, professeur ? me dit-il.

---

regorger (de quelque chose) : être empli, plein (de quelque chose).
épuisé : très fatigué.

– Avec plaisir, capitaine.

– Alors, rendez-vous demain, à quatre heures du matin, dans la salle des scaphandres, avec vos compagnons, bien entendu.

Le lendemain, à l'heure dite, nous commençons l'excursion. Comme nous nous trouvons près de l'île, la mer est peu profonde à cet endroit. Nous arrivons enfin au site où les huîtres perlières se reproduisent par millions. Je les examine attentivement. Quant à Ned, il en met le plus possible dans un filet qu'il a apporté.

J'observe que le capitaine en ramasse aussi et qu'il les place dans des petits sacs.

Ensuite, il nous conduit devant l'entrée d'une grotte. Il y entre et nous fait signe de le suivre. Il s'arrête brusquement et nous indique un objet de la main. Nous nous approchons et découvrons une huître aux dimensions extraordinaires. À travers ses valves entrouvertes, le capitaine introduit son poignard puis soulève de la main la partie supérieure : une perle, grosse comme une noix de coco, brille au centre ! Je veux la toucher mais le capitaine me fait un signe négatif. C'est incroyable ! Seul à connaître son existence, il s'occupe d'elle pour la placer un jour dans son musée !

Nous rentrons. Nous marchons depuis un quart d'heure quand le capitaine nous fait signe de nous réfugier derrière des rochers. À cinq mètres de moi, un homme apparaît. C'est un pêcheur ; j'aperçois le fond de son canot au-dessus de nos têtes. Nous le regardons ramasser des mollusques. Soudain, son expression change. Terrorisé, il prend son élan pour remonter à la surface. Un requin vient d'arriver et se dirige à toute vitesse vers lui. L'homme

---

une huître perlière : mollusque marin recherché pour sa nacre et les perles qu'il produit. Sa chair est aussi très appréciée.

un filet : appareil qui permet aux pêcheurs de prendre des poissons.

une grotte : caverne, cavité naturelle faite dans un rocher.

une valve : chacune des deux parties de la coquille d'un mollusque.

un poignard : arme qui ressemble à un couteau.

prendre son élan : faire un mouvement rapide qui aide à s'élancer. Un sportif prend son élan avant de sauter (il court).

un requin : très grand poisson, puissant et vorace.

Une perle, grosse comme une noix de coco, brille au centre !

se jette d'un côté pour l'éviter. L'animal fait demi-tour et revient à la charge. Nemo, son poignard à la main, se lève rapidement et, au moment où l'animal va toucher le pêcheur, il plante son arme dans le corps du requin. Un terrible combat commence alors entre le capitaine et le requin. Ils luttent tous les deux furieusement. Soudain, le capitaine tombe au sol. Le monstre, la bouche grande ouverte, se précipite sur lui. Je veux courir au secours de Nemo mais la peur m'empêche de faire un pas. C'est alors que Ned lance son harpon, qui transperce le cœur du requin.

Les eaux deviennent rouges de sang.

Le pêcheur a perdu connaissance. Le capitaine le prend dans ses bras et le remonte à la surface. Je l'accompagne. Il couche l'homme dans son canot et place, à côté de lui, un des sacs de perles qu'il a remplis avant.

De retour au *Nautilus*, Le capitaine retire son scaphandre et se tourne immédiatement vers Ned :

– Merci, maître Land, lui dit-il.

– Capitaine, lui dis-je, j'admire votre courage et votre générosité envers ce pauvre pêcheur.

– Professeur, me répond-il d'un ton doux, cet homme est un habitant du pays des opprimés et moi, je serai toujours de ce pays-là.

1. Choisis la bonne réponse.

a. Le professeur Aronnax profite de son emprisonnement dans le *Nautilus* pour *écrire un livre – apprendre à jouer de l'orgue.*

b. Ned souffre d'être enfermé. Il veut *demander sa liberté au capitaine Nemo – s'échapper.*

c. Le 16 novembre, le capitaine Nemo invite les trois amis *à un repas somptueux – à une partie de chasse.*

2. La chasse. Vrai ou faux ?

	V	F
a. La chasse se déroule sur terre.	☐	☐
b. Les promeneurs portent un équipement spécial.	☐	☐
c. Le professeur Aronnax se trouve face à un poulpe géant.	☐	☐
d. Le capitaine Nemo rapporte des aliments au *Nautilus*.	☐	☐

3. L'île aux perles. Corrige les 5 erreurs de ce résumé.

Le *Nautilus* se trouve près de l'île de Madagascar. Le capitaine Nemo propose au professeur de voir des poulpes. Ils vont dans une grotte où ils peuvent admirer une baleine géante.

Au retour, les promeneurs rencontrent un pêcheur qui est attaqué par une araignée monstrueuse. Le capitaine Nemo et Ned luttent avec l'animal. Ned sauve la vie du professeur.

4. Quel aspect nouveau de la personnalité du capitaine Nemo apparaît dans ce chapitre ?

....

Chapitre 5

Les poulpes

Nous sommes en avril, prisonniers depuis six mois à bord du *Nautilus* et nous avons déjà parcouru dix-sept mille lieues sous les mers.

Nous voyons de moins en moins le capitaine Nemo. Avant, il avait plaisir à m'expliquer les merveilles sous-marines. Maintenant, il ne vient plus au salon. Quel changement s'est opéré en lui ? Peut-être que notre présence l'importune ?

Depuis un certain temps, j'ai des difficultés à comprendre la route qu'il suit. Que cherche-t-il ?

Ned est de plus en plus malheureux. Il élabore des plans d'évasion. Mais, comment les réaliser ? Je sais que mon compagnon a raison, il faut trouver le moyen de fuir. Je vais bientôt terminer mon livre et je veux absolument le publier un jour pour faire partager les découvertes passionnantes que j'ai faites.

* * *

20 Avril. Le *Nautilus* se trouve dans les mers chaudes des Antilles.

Ned, Conseil et moi, nous sommes dans le salon et admirons, à travers les lucarnes, des poissons étranges et magnifiques, de toutes les couleurs. Certains ont des rayures dorées, d'autres émeraude... Une merveille !

---

parcourir : faire un trajet.
une lieue : terme de marine. Une lieue vaut 5555, 5 mètres.
de moins en moins : toujours moins, contraire de **de plus en plus :** toujours plus.
partager : ici, faire connaître ses découvertes aux autres.
émeraude : vert comme la pierre précieuse qui porte ce nom.

Le *Nautilus* descend alors vers les profondeurs. Le paysage change d'aspect. Nous voyons maintenant de grandes roches recouvertes de hautes herbes.

Soudain, Ned attire mon attention sur un mouvement qui se produit dans les grandes algues.

– Ces rochers sont de véritables cavernes à poulpes, dis-je. Nous allons sans doute voir l'un de ces monstres.

– Comment pouvez-vous donner le nom de monstre à de simples calmars, monsieur ? dit Conseil.

– Ici, les poulpes sont de grande dimension, mon ami.

– Vous parlez de ces poulpes capables d'entraîner des navires dans les fonds marins... J'ai entendu des histoires à ce sujet, répond Conseil.

Nous continuons ainsi à parler de monstres marins et de légendes. Brusquement, Ned se précipite vers la vitre et s'écrie :

– Mon Dieu, quelle horrible bête !

Je regarde moi aussi et je ne peux pas éviter un mouvement de répulsion. Devant nous, s'agite un monstre répugnant. C'est un poulpe qui doit mesurer huit mètres de long et peser vingt mille kilos. Il avance à reculons, très rapidement, vers le sous-marin. Parfois, les ventouses de ses tentacules se fixent sur les lucarnes. Sa bouche s'ouvre et se referme constamment. Il a l'air irrité car sa couleur change souvent et passe du gris au brun. Qu'est-ce qui irrite ce mollusque ? Sans doute la présence du *Nautilus*, plus grand que lui, et que ses tentacules ne peuvent pas saisir.

Le hasard m'a mis en présence de ce calmar et je ne veux pas perdre l'occasion de l'étudier. Je surmonte mon horreur, prends un crayon et un papier et je commence à dessiner.

– Regardez, crie Ned, il n'est pas seul !

---

entraîner : emporter de force.
une vitre : pièce de verre qu'on met à une fenêtre pour isoler de l'extérieur.
à reculons (avancer) : en arrière, en marche arrière.
surmonter : vaincre (une difficulté, un problème) par un effort.

Devant nous, s'agite un monstre répugnant.

En effet, d'autres poulpes apparaissent. J'en compte sept.

* * *

Les monstres suivent le sous-marin qui avance lentement. Mais, brusquement, le *Nautilus* s'arrête. Puis un choc le fait bouger.

– Que se passe-t-il ?

Le capitaine Nemo entre alors dans le salon, accompagné de son homme de confiance. Il paraît triste et préoccupé. Sans nous parler, sans nous voir, peut-être, il s'approche d'une lucarne, regarde les poulpes et donne un ordre à son compagnon. Ce dernier sort.

– Voici une curieuse collection de poulpes, dis-je au capitaine, d'un ton neutre, comme si je parlais de poissons dans un aquarium.

– En effet, professeur, et nous allons les combattre corps à corps.

– Corps à corps ?

– Oui, monsieur. L'hélice ne fonctionne plus. J'imagine qu'un de ces monstres l'a bloquée avec ses tentacules.

– Qu'allez-vous faire ?

– Remonter à la surface et tuer ces bêtes à la hache.

– Et au harpon, monsieur, dit Ned, si vous acceptez mon aide.

– Je l'accepte, maître Land.

Nous suivons le capitaine jusqu'au centre du bateau. Là, une douzaine d'hommes armés attendent. Conseil et moi, nous prenons une hache. Ned, un harpon.

Le *Nautilus* est à la surface de l'eau. Un marin ouvre le panneau qui donne sur la plate-forme. Aussitôt, un long tentacule entre comme un serpent dans l'ouverture. D'un coup de hache, le capitaine le coupe.

Au moment où nous nous avançons pour aller sur la plate-forme, deux autres tentacules apparaissent, saisissent un des marins et l'emportent. Le capitaine Nemo pousse un cri et sort. Nous le suivons.

■ **un panneau** : surface plane, plaque qui recouvre quelque chose.

Quelle horrible scène ! Le pauvre homme appelle au secours et se débat.

Quelle horrible scène ! Le pauvre homme appelle au secours et se débat. Le capitaine se lance sur le poulpe et lui coupe un autre tentacule. Ned plante son harpon dans les yeux de l'animal. Le poulpe, furieux, lance alors une colonne de liquide noir. Nous ne voyons plus rien. Quand le nuage disparaît enfin, le poulpe est parti et a emporté le malheureux marin.

Nous luttons tous férocement contre ces bêtes immondes. Soudain, je pousse un cri : un calmar ouvre son énorme bouche et veut saisir Ned. Je me précipite à son secours mais le capitaine arrive avant moi. Il frappe l'animal avec sa hache et Ned l'achève avec son harpon.

immonde : horrible, répugnant.
achever : ici, donner définitivement la mort.

– Je vous devais la vie, dit le capitaine Nemo à Ned. Maintenant, **nous sommes quittes**.

Le combat dure un quart d'heure. Les monstres mutilés, vaincus, se retirent enfin.

Le capitaine Nemo, rouge de sang, regarde la mer qui a emporté un de ses hommes. Je vois de grosses larmes couler de ses yeux.

Nous n'oublierons jamais ce terrible combat.

nous sommes quittes : nous ne nous devons plus rien l'un à l'autre, nous sommes à égalité.

1. Entoure la bonne réponse.

a. Le professeur et ses compagnons sont enfermés dans le *Nautilus* depuis *trois mois – six mois.*

b. Ils ont déjà parcouru *dix-sept mille lieues – sept mille lieues.*

c. Par rapport à ses prisonniers, l'attitude du capitaine Nemo *est la même qu'au début – a changé.*

d. Le professeur désire s'échapper pour *pouvoir publier son livre – rapporter des exemplaires de coquillages dans son muséum.*

2. Dans les mers des Antilles. Vrai ou faux ?

	V	F
a. Dans le salon, Conseil, Ned et le professeur parlent de dauphins.	☐	☐
b. Le poulpe géant qui vient d'apparaître semble irrité.	☐	☐
c. Le capitaine Nemo va combattre ces monstres au fusil.	☐	☐
d. Le professeur et ses compagnons veulent participer au combat.	☐	☐

3. Remets la scène dans l'ordre.

a. Le capitaine Nemo pleure.

b. Un marin est saisi par un poulpe.

c. Le capitaine Nemo sauve la vie de Ned.

d. Le poulpe jette de l'encre et disparaît avec l'homme.

e. Le capitaine Nemo coupe un autre tentacule du poulpe.

f. Le combat dure un quart d'heure.

Un boulet tombe dans l'eau, près du sous-marin.

Chapitre 6

L'hécatombe

31 mai. Le *Nautilus* se trouve près des côtes européennes. Il décrit sur la mer une série de cercles qui m'intriguent beaucoup. Je pense qu'il cherche quelque chose.

Le lendemain, 1er juin, il est immobile, à la surface de l'eau. Je monte sur la plate-forme et, très surpris, je vois un grand navire à vapeur, au loin. Peu après, le capitaine vient me retrouver. Il observe l'horizon puis il redescend sans dire un mot.

L'après-midi, Ned, Conseil et moi, nous nous trouvons dans le salon. Le capitaine vient d'entrer quand nous entendons une détonation.

– Capitaine ? dis-je.

Il ne me répond pas. Je monte sur la plate-forme avec mes amis. J'interroge Ned.

– D'où vient cette détonation ?

– C'est un coup de canon, monsieur.

Je regarde dans la direction du navire que j'ai vu le matin et je m'aperçois qu'il s'est beaucoup approché du *Nautilus*.

– Ce bateau est un navire de guerre, dit Ned. Comme c'est étrange !

Pendant un quart d'heure, nous continuons à observer le navire qui se dirige vers nous. Une nouvelle détonation se fait entendre et un **boulet** tombe dans l'eau, près du sous-marin.

– Ils tirent sur nous ! s'écrie Conseil.

un boulet : grosse boule de métal que les canons lançaient contre l'ennemi.

Le capitaine Nemo apparaît alors sur la plate-forme. Il a l'air féroce. Il redescend et revient bientôt avec un drapeau noir qu'il place à l'avant du *Nautilus*.

— Descendez, nous ordonne-t-il.

— Monsieur, vous n'allez pas attaquer ce navire ? dis-je, stupéfait.

— Non, je vais le **couler**. Descendez, s'il vous plaît.

— Mais, capitaine, pourquoi faites-vous cela ?

Alors, d'une voix pleine de **haine**, il s'écrie :

— C'est à cause de lui que j'ai tout perdu : ma femme, mes enfants, ma patrie ! Tout ce que je déteste est là, devant vos yeux ! L'heure de la vengeance est arrivée ! Descendez !

Nous partons sans rien dire.

Le soir vient. Il ne se passe rien. Je ne peux pas dormir.

À cinq heures du matin, j'entends des détonations très proches. Le *Nautilus* est en train de s'immerger. Je pousse alors un cri car un terrible choc vient de se produire. La vitesse du sous-marin augmente. On entend des **craquements** atroces.

Je cours dans le salon. Le capitaine Nemo est là. Immobile, il regarde par la vitre. Je fais comme lui.

Une masse énorme vient de **percer** la coque du navire qui est en train de **couler**. Je vois les marins essayer désespérément de remonter à la surface pour sauver leur vie. C'est horrible ! Terrifiant !

Tout à coup, il se produit une énorme explosion. Je ferme les yeux. Quand je regarde à nouveau, tout est fini ! Tout a disparu !

Je me retourne vers le capitaine Nemo, qui regarde froidement l'horreur qu'il vient de provoquer.

Il sort du salon et se dirige vers sa chambre. Je le suis. La porte est

---

couler : faire tomber le navire au fond de la mer/tomber dans la mer.
la haine : sentiment très fort qui pousse à faire, vouloir du mal à quelqu'un.
un craquement : bruit sec, inquiétant que fait quelque chose qui est en train de se rompre.
percer : faire une ouverture, un trou dans quelque chose de solide.

Tout à coup, il se produit une énorme explosion.

ouverte. Je regarde à l'intérieur de la pièce. Sur le mur du fond, je vois le portrait d'une femme et de deux jeunes enfants. Le capitaine est face à eux et pleure. Je vais dans ma cabine.

* * *

Je ne veux plus voir le capitaine. Cet homme a souffert, c'est sûr, mais il n'a pas le droit d'être aussi cruel. C'est trop ! Je n'ai qu'une seule pensée : fuir. Je le dis à Ned.

Le *Nautilus* se dirige vers le nord à grande vitesse. Il navigue ainsi pendant plusieurs jours. Je ne revois pas le capitaine. Personne ne nous surveille depuis la destruction du navire.

■ **surveiller (quelqu'un)** : observer avec attention ce qu'il fait.

Un matin, Ned vient me trouver dans ma cabine et me dit :

– Nous allons fuir ce soir, monsieur. Le *Nautilus* est remonté à la surface. Je suis allé sur la plate-forme et j'ai vu la terre, au loin.

– Où sommes-nous ?

– Je l'ignore, mais c'est l'occasion ou jamais.

– Bien, Ned, nous fuirons cette nuit.

– La mer est mauvaise et le vent violent mais je saurai manœuvrer le canot. J'ai déjà mis, en secret, de l'eau et un peu de nourriture dedans. Rendez-vous à dix heures.

– Parfait, Ned, nous y serons.

Cette journée, la dernière que je passe sur le *Nautilus*, est interminable.

À huit heures, je m'habille chaudement. Je mets mes notes et mon journal dans les poches intérieures de mes vêtements.

À dix heures moins le quart, je sors et je passe devant le salon. J'entends une mélodie très triste. C'est le capitaine qui joue de l'orgue. Soudain, il s'écrie, pour lui-même :

– Assez ! Assez !

Est-ce le **remords** ?

Je cours sur la plate-forme et j'arrive au canot où mes amis m'attendent.

– Partons ! dis-je.

On entend alors des cris à l'intérieur du sous-marin. Que se passe-t-il ? On a découvert notre plan ? Un mot me révèle la cause de l'agitation à bord du sous-marin.

– **Maelström** ! dit alors Ned, effrayé.

Le *Nautilus* vient d'entrer dans ce **tourbillon** maléfique et le canot aussi. Nous sommes **secoués** de tout côté. Soudain le canot, qui est

---

le remords : sentiment de peine qu'on ressent quand on a commis une mauvaise action.

le maelström : courant marin qui forme une tornade.

un tourbillon : masse d'air qui tourne rapidement, cyclone, tornade.

secouer : remuer, agiter avec force dans un sens puis dans un autre.

...et nous nous retrouvons au cœur de la tornade.

encore fixé au sous-marin, se détache et nous nous retrouvons au cœur de la tornade. Ma tête frappe le bord de l'embarcation. Je perds connaissance.

* * *

Quand je reviens à moi, je suis couché dans une cabane de pêcheurs, en Norvège. Mes deux amis sont là, sains et saufs. Nous nous embrassons.

Nous attendons un bateau pour rentrer en France.

J'ai conservé mes notes et mon journal. Je vais pouvoir publier mon livre. Est-ce qu'on va me croire ? Je ne sais pas mais c'est mon droit de parler de ces mers où, pendant dix mois, j'ai parcouru vingt mille lieues.

Et le *Nautilus* ? Est-ce qu'il existe encore ? Le capitaine est-il vivant ?

Je l'espère. S'il habite les océans dans son extraordinaire machine, j'espère que la haine disparaîtra de son cœur et que toutes les merveilles qu'il va contempler lui permettront d'effacer pour toujours son désir de vengeance. »

1. Entoure la bonne réponse.

a. Le premier juin, de la plate-forme du *Nautilus*, le professeur voit *une île – un bateau*.

b. L'après-midi, on entend *un coup de canon – une étrange mélodie*.

c. Le *Nautilus s'éloigne de l'ennemi – attaque l'ennemi*.

2. Coche le mot qui convient.

a. Le navire de guerre qui est près du *Nautilus* rappelle... de ☐ bons ☐ mauvais souvenirs au capitaine Nemo.

b. Nemo décide de ☐ couler ☐ ignorer le navire ennemi.

c. Après la destruction du bateau, Nemo est ☐ heureux ☐ triste.

3. Complète les phrases avec les mots suivants : *froidement, explosion, atroces, couler*, **puis remets la scène dans l'ordre.**

a. Le bateau commence à ......

b. Le capitaine Nemo observe ...... ce malheur.

c. Une énorme ...... détruit totalement le navire.

d. Le professeur entend des bruits ......

4. Vrai ou faux ?   V F

a. Le professeur et ses amis peuvent enfin s'enfuir.   ☐ ☐

b. Ils sont pris dans un tourbillon.   ☐ ☐

c. Ils sont obligés de retourner dans le *Nautilus*.   ☐ ☐

d. Ils se retrouvent sains et saufs aux États-Unis.   ☐ ☐

Imagine...

a. D'après toi, le capitaine Nemo va-t-il revenir vivre sur la terre ?

b. Est-ce qu'il va revoir un jour le professeur Aronnax ?

Réfléchis...

a. À ton avis, pourquoi le capitaine du *Nautilus* a choisi de s'appeler Nemo, c'est-à-dire *Personne* ?

b. Penses-tu que le capitaine Nemo est un homme réellement cruel ? Justifie ta réponse.

Parle...

a. Quand tu vas en vacances au bord de la mer, qu'est-ce que tu fais ?

b. Aimerais-tu faire de la plongée sous-marine ?

c. Fais-tu des collections d'objets, comme le capitaine Nemo ? Qu'est-ce que tu collectionnes ?

d. Crois-tu à l'existence de monstres marins, comme le monstre du Loch Ness ?

e. Aimes-tu les livres, les films fantastiques ? Cite un film de ce type qui te plaît beaucoup.

N° éditeur : 10148503 - Dépôt légal : mai 2008
Imprimé en France par EMD S.A.S. - N°19274

page 3

1. a. XIXe **b.** Les voyages extraordinaires **c.** de science-fiction **d.** Nemo **e.** L'Île mystérieuse
2. *Le Tour du monde en quatre-vingts jours - Cinq semaines en ballon*
3. a. 3 **b.** 1 **c.** 2 **d.** 5 **e.** 4

page 11

1. a. un cétacé géant **b.** a été heurté par le monstre **c.** de détruire
2. professeur - fonds - narval - expédition
3. a. faux **b.** vrai **c.** faux **d.** vrai **e.** faux **f.** vrai

page 18

1. a. faux **b.** faux **c.** vrai **d.** vrai
2. a. parle **b.** de les garder prisonniers **c.** est fâché **d.** sont obligés de rester dans le sous-marin
3. Nemo - déjeuner - excellent - produits de la mer - *Nautilus*
4. a - c - f

page 25

1. a. La bibliothèque. **b.** Les trois grandes lucarnes rondes qui permettent de voir le fond des océans. **c.** Une sorte de musée. **d.** Très confortable.
2. a. collectionneur - savant **b.** des produits de la mer **c.** passionnent **d.** d'avant-garde - très perfectionné **e.** l'électricité

page 32

1. a. écrire un livre **b.** s'échapper **c.** à une partie de chasse
2. a. faux **b.** vrai **c.** faux **d.** vrai
3. Le *Nautilus* se trouve près de l'île de **Ceylan**. Le capitaine Nemo propose au professeur de voir des **perles**. Ils vont dans une grotte où ils peuvent admirer une **huître** géante.
Au retour, les promeneurs rencontrent un pêcheur qui est attaqué par **un requin**. Le capitaine Nemo et Ned luttent avec l'animal. Ned sauve la vie du **capitaine**.
4. Il est généreux avec les gens qui n'ont rien, qui sont très pauvres.

page 39

1. a. six mois **b.** dix-sept mille lieues **c.** a changé **d.** pouvoir publier son livre
2. a. faux **b.** vrai **c.** faux **d.** vrai
3. b - e - d - c - f - a

page 46

1. a. un bateau **b.** un coup de canon **c.** attaque l'ennemi
2. a. mauvais **b.** couler **c.** triste
3. a. couler **b.** froidement **c.** explosion **d.** atroces / d - a - c - b
4. a. vrai **b.** vrai **c.** faux **d.** faux

CORRIGÉS